MANIK

1 LA BÊTE SANGUINAIRE

Catalogage avant publication de Bibliothèque et Archives
nationales du Québec et Bibliothèque et Archives Canada

Dubois, Véronique, 1976-

La bête sanguinaire

(Manik ; 1)
Bandes dessinées.
Pour enfants de 8 ans et plus.

ISBN 978-2-89709-034-0

I. Yoh, 1978- . II. Titre.

PN6734.B472D82 2015   j741.5'971   C2015-940220-4

Scénario : Véronique Dubois
Dessin et couleurs : Yohann Morin
Graphisme : Julie Deschênes

Dépôt légal – Bibliothèque et Archives nationales du Québec,
1er trimestre 2015

ISBN 978-2-89709-034-0

Gouvernement du Québec – Programme de crédit d'impôt
pour l'édition de livres – Gestion SODEC

Boomerang éditeur jeunesse remercie la SODEC pour l'aide
accordée à son programme éditorial.

Nous reconnaissons l'aide financière du gouvernement du Canada
par l'entremise du Fonds du livre du Canada (FLC) pour nos
activités d'édition.

IMPRIMÉ AU CANADA

ASSOCIATION NATIONALE DES ÉDITEURS DE LIVRES

À Raphaël, Marie et Gabriel, mes trois amours!

À Juliane et Maxime, et leur Pépé et Mémé!

xox

MANIK

1 LA BÊTE SANGUINAIRE

SCÉNARIO
VÉRONIQUE DUBOIS

DESSIN ET COULEURS
YOHANN MORIN

DANS UN PETIT VILLAGE, IL Y A DE CELA BIEN DES LUNES...

HÉ! ÇA NE FAIT PAS SI LONGTEMPS QUE ÇA, QUAND MÊME!

ÉCOUTE, PETIT! TU DEVRAIS ALLER JOUER UN PEU PLUS LOIN! ENFIN... J'ESSAIE DE RACONTER UNE HISTOIRE!

TU COMPRENDS? SOIS GENTIL, VA RENDRE SERVICE À TA MÈRE! ELLE DOIT BIEN AVOIR BESOIN QUE TU L'AIDES UN PEU, NON? BON... OÙ EN ÉTAIS-JE... AH OUI! DANS...

HÉ! C'EST MON HISTOIRE! PAS LA VÔTRE!

TU NE COMPRENDS PAS LÀ! VA T'AMUSER AVEC LES ENFANTS DE TON ÂGE! TU DÉRANGES LES ADULTES!

JE NE SUIS PAS UN ENFANT! JE SUIS UN GUERRIER VIKING!

SI VOUS NE ME LAISSEZ PAS RACONTER MON HISTOIRE, JE VOUS PIQUE LES FESSES!

ÇA SUFFIT! COUPEZ! COUPEZ! SORTEZ-MOI CE JEUNE MORVEUX DE MON HISTOIRE!

ALLEZ-VOUS-EN! CECI EST MA SEULE ET UNIQUE CHANCE DE ME FAIRE REMARQUER!

JE DONNE MA DÉMISSION!! C'EN EST TROP! QUELLE FOLLE JEUNESSE! ON NE SAIT PLUS ÉLEVER LES ENFANTS DE NOS JOURS!

BON, ENFIN! BON DÉBARRAS!

CLAP

MANIK T.1
scène /
prise /

Très peu sûr de lui, Morty *SE PENCHE* vers la soupe pour éviter de me répondre. Malgré lui, un peu de **SÉCRÉTION NASALE** s'échappe dans le chaudron !

Morty et moi nous sommes **PRÉCIPITÉS** à l'extérieur! Tous les guerriers du village étaient rassemblés autour du gardien des moutons, le célèbre joueur de flûte surnommé Pipo! Ce dernier avait l'air AFFolÉ et surtout... sans ses moutons! Le chef du clan, mon père, s'est mis à crier et sa voix a eu l'effet d'un *COUP DE TONNERRE* sur la foule, qui s'est tue immédiatement.

— *Notre clan a été victime d'une attaque! Nous devons trouver les coupables et leur faire payer cet affront!*

Les hommes **ACCLAMENT** mon père! C'est le moment ou jamais!

Je n'allais quand même pas me laisser décourager par la réponse de mon père ! J'ai attrapé Morty par le collet et JE L'AI TRAÎNÉ avec moi à l'écart le plus vite possible.

J'allais élaborer le meilleur des plans pour prouver à mon père que j'étais capable de conduire le clan à la victoire. J'allais trouver ces moutons !

Néanmoins, je devais mettre sur pied mon stratagème sans attirer l'attention de ma sœur... Oh ! Vous ne la connaissez pas encore, mais elle est DIABOLIQUE ! Vous ne perdez rien pour attendre, croyez-moi !

BON... DIRECTION CHEZ PÉPÉ ! Je devrais pouvoir y trouver une arme pour Morty !

Enfin... s'il ne s'enfuit pas avant...

Morty est le plus TROUILLARD du village ! Ma mère dit toujours que les contraires s'attirent ! J'la crois ! J'en ai la preuve quand je regarde Pépé et Mémé ! *OH OUI !*

Pépé **échapp**ᴑ son marteau et me regarde avec **ÉTONNEMENT**.
— COMMENT? Pipo a des boutons et il pue la morue!?
— GRRRR! Non! Pépé! Tu n'étais pas censé t'épiler les oreilles?

Il me tend alors des fers à cheval et me répond sèchement :
— Pourquoi tu me parles de patates pilées? TIENS! Va porter ces fers à ton père!

J'ai pris les fers et j'ai fait signe à Morty de me suivre. Puis, en me dirigeant vers la porte, j'ai subtilisé **UNE MASSUE** qui se trouvait sur la table de travail. Avant de sortir, Morty sur les talons, je me suis retourné vers Pépé une dernière fois.
— Pépé! Pourquoi as-tu forgé deux fers à l'envers?
— Oui! Moi aussi, j'ai beaucoup à faire!

C'EST INCROYABLE! Mon Pépé n'entend vraiment plus rien! Il faut que je découvre **AU PLUS VITE** qui a volé les moutons!

— Tiens, Morty! Je te donne cette **PUISSANTE** massue! Nous allons débusquer l'ennemi!

Mon copain est soudain *devenu très pâle*.
— Mais... je ne suis pas un guerrier! Je... On ne devrait pas se mêler de cette histoire! La dernière fois, on a eu l'air de deux débiles!
— Oublie la dernière fois! Je te donne la chance de t'illustrer comme **UN VRAI VIKING** et toi... tu refuses?
— Arrête de te moquer de moi!
— Je ne me moque pas! Je sais qu'on forme UNE SUPER ÉQUIPE! Allez, viens! On est petits, rapides et surtout... dangereux! On va leur montrer qu'on sait se défendre!

J'ai levé mon épée et j'ai poussé mon cri de guerre. Morty a RENIFLÉ, embarrassé par ses SÉCRÉTIONS NASALES abondantes.
— OK... mais dès que ça devient trop risqué, on doit le dire à ton père, d'accord?

J'ai posé le pommeau de mon épée sur mon cœur comme me l'a appris papa.
— QUE LE GRAND DIEU THOR ME VOIE TE LE JURER!

Alors que j'allais sceller mon entente avec Morty, un sifflement bien connu m'a fait friser les oreilles. Les **POILS** de mes avant-bras se sont DRESSÉS et un frisson de DÉGOÛT m'a envahi. Ma grande sœur se trouvait derrière moi! Elle m'a donné son habituelle claque derrière la tête:
— QU'EST-CE QUE TU FAIS LÀ? La nuit va bientôt tomber et tu es encore dehors à jouer au guerrier!

Mon visage s'est durci. J'ai planté mes yeux vitreux dans ceux de ma sœur trouble-fête.
— Tu ne peux pas comprendre!

Elle s'est jetée sur moi pour me tordre le bras. Mon épée est tombée par terre, mais heureusement Morty l'a ramassée.
— Allez! À la maison! ET QUE ÇA SAUTE, maman t'attend!

Maman m'a couché tôt ce soir-là, mais **CE N'EST PAS CE QUI ALLAIT M'ARRÊTER !** Je savais que mon père et tous les hommes du clan étaient en train de ratisser les bois et j'étais bien décidé à participer à la fouille moi aussi !

Je suis sorti de ma couche en douceur, puis j'ai **rembourré** mon lit pour camoufler ma fuite ! Au loin, je voyais ma mère et ma sœur.

Le souffle court, **j'ai sauté** dans mes vêtements, attrapé ma ceinture et accroché mon épée, puis *JE ME SUIS LANCÉ*.
— Hip ! Hop ! Oups...

Je me suis **faufilé** jusqu'à l'unique fenêtre de la maison. Le plancher a grincé. Ma terrible sœur a cessé de respirer.
— C'est quoi ça ?
— Bah ! Ça doit être le crépitement du feu.

Alors qu'elle allait se retourner, mon derrière a franchi le rebord de la fenêtre et j'ai atterri à plat ventre sur le sol ! De l'herbe plein la figure, *APLATI COMME UNE CRÊPE*, j'étais à l'affût telle une belette !
— Tu as sûrement raison, meuman ! Manik la terreur est au lit ! À quoi bon s'inquiéter !

Lorsque je suis arrivé à la fenêtre de la maison de Morty, je me suis *ACCROUPI AU SOL*. Soudain, j'ai senti quelque chose de DOUX me chatouiller la main. Je me suis *PENCHÉ* pour découvrir ce dont il s'agissait et, au même moment, des hommes de mon père sont passés! Je me suis encore *ÉCRASÉ À TERRE*, le visage dans l'humidité, mais cette fois-ci... J'AI DÉCOUVERT UN INDICE!

— Des poils de mouton ! **ON A NOTRE CHANCE !** Et tu peux même ESSUYER TES SÉCRÉTIONS NASALES avec, si tu veux !

Dans son pyjama et avec sa massue, Morty *se glisse sur le rebord* de la fenêtre pour me rejoindre, toujours aussi inquiet :
— *On va encore se faire prendre !*

Je me penche pour examiner de plus près ces empreintes qui semblent être celles d'un **GROS ANIMAL**.

— *On va avoir besoin de nos armes... C'est du solide!* **REGARDE-MOI CES EMPREINTES, MORTY!** *On va devoir les suivre pour trouver le coupable!*

À ces mots, Morty *devient blanc comme du lait!* Il a maintenant les deux genoux au sol et semble prêt à s'évanouir! Je le retiens par le collet de son pyjama.

— *Ce n'est pas le temps de tourner de l'œil!*

NOUS DEVONS DÉBUSQUER L'ENNEMI!

Je prend Morty par le bras et L'ENTRAÎNE en suivant la piste au sol. Nous devons être discrets, car les hommes du clan ne sont pas loin et *éclairent* la nuit avec leurs torches.

— *Tu vois ce que je vois ? On dirait que les traces filent tout droit vers la colline à l'ouest !*

— *Mais... la colline est interdite aux enfants !*

Morty n'a pas compris que je suis prêt à tout ! Plusieurs légendes nous ont été racontées sur les **DANGERS** de la colline et des **CRÉATURES** qui y vivent. Toutefois, je ne vais pas me laisser vaincre par ces folles **HISTOIRES D'ÉPOUVANTE** ! Après tout, je suis armé et je suis un véritable guerrier !

Même si Morty avait ENVIE DE FAIRE PIPI dans son pantalon, on a pris le sentier de la colline. J'avoue que les BRUITS DE LA NUIT n'étaient guère rassurants, mais j'étais décidé à affronter la bête! Je m'imaginais déjà revenir au village en la portant sur mon épaule. Morty me suivrait avec le troupeau de moutons de Pipo! AH OUI... J'étais vraiment à deux doigts de devenir le plus grand guerrier du village!

Ma sœur allait enfin RAVALER ses paroles et me vénérer! J'allais passer du petit vaurien au génie! On allait MACCLAMER!
— Morty! Tu vois... ici encore... il y a des touffes de poils au sol! Nous sommes sur la bonne piste!

Mon ami s'est penché pour prendre la preuve entre ses mains.
— OH! QUE LE GRAND DIEU THOR NOUS PROTÈGE! Il y a du sang sur la laine!!

19

Avec le peu de **lumière** que ma torche m'apportait, un autre indice a attiré mon attention.
— *Hum... Des traces de bataille! Des coups de griffes ont marqué cet arbre!*

Je me suis tourné vers Morty qui TREMBLAIT DE PEUR.
— *Quand je regarde ces marques, a-t-il pleurniché, je n'ose pas imaginer ce qu'elles donneraient sur mon propre bras! Allez! Partons!*
— *Pars si tu veux! Moi, je ne suis pas un trouillard!*

Mon copain a RENIFLÉ un bon coup et, juste au moment où il allait me répondre, un bruit sinistre de CRAQUEMENT m'a glacé le sang!

Morty s'est jeté sur moi.
— *Oh! Mais qu'est-ce que c'est que ce truc?*
— *SILENCE! Tu vas nous faire repérer!*

J'AI RELEVÉ MON ÉPÉE... J'espérais que les légendes à faire peur de mon enfance étaient bel et bien fausses...

Je tenais toujours mon ami Morty contre moi. Je ne voulais pas lui montrer que j'avais peur. Seulement, j'avais du mal à contrôler mes TREMBLEMENTS.

— *Je t'avais pourtant bien dit que c'était mal !*

Je ne veux pas l'entendre.
— *Arrête de te plaindre et fonce !*

Je l'ai agrippé et je me suis mis à **COURIR** de toutes mes forces ! Nous étions rendus à traverser le ruisseau de la colline. Ce n'est que lorsque l'eau s'est infiltrée dans mes bottes que j'ai **STOPPÉ NET !**
— *OH ! C'est froid !* a gémi Morty. *Comment as-tu pu m'entraîner là-dedans ? Qu'est-ce qu'on va faire maintenant, hein, MANIK ?*

Ignorant sa question, je me suis concentré sur ma respiration et sur le bruit que j'entendais toujours. Cependant, c'était plus loin derrière moi. Je ne comprenais plus rien! Soudain, **UNE ÉNORME OMBRE NOIRE** a traversé mon champ de vision! J'ai attrapé le bras de Morty et ce dernier s'est *recroquevillé* instantanément.

— *Qu'est-ce que c'est?*

Ce n'était pas l'eau glacée dans mes bottes qui allait m'arrêter!
— *Je ne le sais pas! Mais je crois que cette chose sait où sont passés nos moutons et aussi où ils se cachent!*
— *Attends! Tu ne vas pas continuer? On est trempés!*
— *Vite! Nous allons perdre sa trace!*

N'écoutant que la petite voix dans ma tête *assoiffée de gloire*, je suis sorti de l'eau comme un **FAUVE** guettant sa proie! L'arme dressée devant moi, je révisais à la fois mes techniques de combat et celles de la fuite... qui sait!

Résigné, Morty m'a emboîté le pas en GRELOTTANT de froid et de **FRAYEUR**. Lorsque nos pieds ont touché terre, il s'est collé contre mon dos, puis il a levé sa **MASSUE**.

Un bruit sourd de fond de gorge a empli le sentier de la colline en moins de deux. J'avais peur de *FAIRE PIPI DANS MON PANTALON*.
— *QUI EST LÀ? QU'EST-CE QUE VOUS AVEZ FAIT DE NOS MOUTONS?* ai-je crié.

Morty m'a poussé en reculant.
— *Tu crois vraiment qu'il va nous le dire?*
Un bruit de branche cassée nous a indiqué que notre voleur tentait de prendre la fuite. J'ai couru pour ne pas perdre sa trace. Je me suis arrêté, HALETANT. Une odeur particulière emplissait l'air. Morty a fait le geste de boucher son nez, déjà bien protégé par ses *SÉCRÉTIONS NASALES* douteuses.

— ÇA PUE!

Bien d'accord! J'ai déplacé ma torche afin de mieux voir les feuilles des fougères devant moi. À ma grande surprise, de **LONGS POILS BRUNS** trônaient sur l'une d'entre elles! J'ai ramassé la preuve.

— *Morty! Il ne faut pas le laisser s'échapper! Au moindre danger, on frappe!*

Forcé d'agir, mon ami a carrément RENIFLÉ sa peur et s'est jeté à la course derrière moi! Dans ma tête défilaient des images de victoire, de fête; je me voyais déjà en train de me pavaner dans le village! Mémé me servait sa douteuse soupe aux QUEUES DE COCHON avant tout le monde! Ma mère ne me demandait plus de faire mon lit! Les plus belles filles du village se pâmaient devant mes talents de guerrier… et ma sœur était obligée d'admettre que j'étais un VÉRITABLE GÉNIE de la traque! Ah! Je désirais ramener ces moutons à tout prix!

Tellement… que je n'ai pas eu conscience de ce que je faisais. Et que je n'ai pas vu vers quoi je me dirigeais à la *VITESSE GRAND V…*

CRAC!

Je me suis carrément enroulé autour d'un grand pin. Je suis tombé à la renverse et une vingtaine de cocottes me sont tombées sur le coco. Morty s'est arrêté trop tard et s'est retrouvé couché sur moi *DE TOUT SON LONG!*

Tout ce que je voulais était me relever **AU PLUS VITE**. Si la bête nous apercevait dans cette position, on serait cuits!

— Allez, du cran!

Je ne voyais plus l'ennemi... Tous mes rêves de gloire se sont dégonflés comme la panse d'un cochon qui pète!

Devant la grotte, je pouvais voir deux yeux rouges dans la noirceur, qui me guettaient.

— **APPROCHE, BÊTE INFERNALE! MONTRE-TOI!**

J'AI ALORS DRESSÉ MON ÉPÉE et me suis avancé vers la grotte. Morty s'est accroché à mon pantalon en tentant de me freiner.

— Viens, Morty! Mon heure de gloire a sonné!

Pendant ce temps...

RHAA

RHAAA P... PEU...

PEUPA! PEUPA! C'EST MANIK!

Je ne me suis pas laissé intimider. Tandis que Morty se ridiculisait, je me suis avancé vers **LA BÊTE ENSANGLANTÉE**.

— **TU DEVRAIS AVOIR PEUR DE MOI!** Je ne suis pas le genre à me laisser faire!

Contre toute attente, la bête s'est retournée en grognant et a **DISPARU DANS LA NOIRCEUR DE LA GROTTE.**

— DONNE-MOI ÇA! Comment ça se fait que tu ne saches pas encore  allumer une torche à ton âge?

— OH, ÇA VA, HEIN! On devrait avertir ton père, maintenant! Tu restes pour surveiller la grotte et je vais chercher du renfort, d'accord?

Au lieu de répondre à Morty, je me suis contenté de le dévisager. La discussion était close! J'ai remis la torche entre ses mains.

— Éclaire-moi bien! Je compte sur toi!

— Dis-moi que tu ne vas pas entrer là-dedans?

La dernière chose que je voulais était de m'engager dans une dispute avec mon meilleur ami. Cependant, c'était ça... ou la défaite!

LA DERNIÈRE OPTION N'ÉTAIT PAS ENVISAGEABLE!

Un bruit de **GRATTEMENT** et de plainte s'est élevé dans la grotte.

Toutes sortes de scènes horribles me sont venues en tête. Et si un mouton blessé s'y trouvait ? Moi qui ai horreur du **sang**...

Je sais que, pour un **guerrier**, c'est un peu ridicule d'avoir **PEUR** du **sang**, mais je n'y peux rien, moi ! C'est comme ça ! Au moins, j'ai le mérite de prendre le taureau par les cornes et d'affronter ma peur !

— Qu'est-ce qui se passe ici ? Montre-toi si tu es un ours digne de ce nom !

Rien... le silence... Morty a pointé son nez au-dessus de mon épaule pour regarder.

— Tu crois qu'il y a une sortie plus loin ? Il est peut-être parti ?

— Je ne crois pas ! Je pense qu'il a peur de moi !

La fatigue allait consumer mon corps, mais il était hors de question de céder dans **LE PLUS DANGEREUX** et **LE PLUS GRAND COMBAT** de mon existence ! Je me suis lancé de nouveau dans une attaque bien calibrée. J'ai atterri sur le ventre de la bête, j'ai rebondi en arrière et j'ai **TRANCHÉ** le bout d'une mèche de poil de son oreille droite.

— Hé ! Non mais, ça ne va pas ? Mes poils !

Je me suis redressé en HALETANT.

— **JE T'AVAIS PRÉVENU !** Je te ferai subir **PIRE ENCORE** si tu ne me rends pas mes moutons !

Il m'a montré les **CROCS**.

— *Ce n'est pas moi que tu dois aller voir !*

— *Quoi ? Tu crois que je vais te croire alors que ta gueule est pleine de poils blancs et de sang ? Tu peux toujours tenter de raconter ça à mon épée !*

La bête s'est **REDRESSÉE DEVANT MOI** et son visage a pris des allures fantomatiques, tout ça grâce à l'éclairage de la torche de Morty. **UNE OMBRE ÉNORME** s'est dessinée sur la paroi de la grotte. J'ai ravalé nerveusement. Je n'avais jamais tué de bête avant... et je ne savais plus trop comment ce combat allait finir !

— *Puisque je te dis que je n'ai rien fait ! C'est moi la victime dans toute cette histoire de fou !*

Tandis que j'étais perdu dans mes pensées, Morty s'est approché et a osé un commentaire.

— *Si c'est vrai, explique-nous alors pourquoi ta gueule est si... si...* **DÉGOÛTANTE ?** *Ce serait le bon mot, hein, Manik ?*

— *Ouais...*

La bête s'est mise à reculer.

— *Je suis fatigué... vous reviendrez me voir un autre soir !*

— **WHOOO !** *NE PENSE PAS QU'ON VA TE CROIRE !* Il va nous falloir des noms et plus de preuves ! me suis-je exclamé en retrouvant mon aplomb.

La bête a émis un **GROGNEMENT** d'impatience.

— *C'est la bande des Blancs !*

Morty m'a regardé d'un air intrigué.

— *Baisse cette arme...*, a repris l'ours en pointant mon épée, *je ne suis pas celui que vous cherchez !*

— *Et le sang dans ta gueule, hein ?* ai-je insisté.

Il a détourné le regard.

— *J'en ai eu assez de me faire intimider.* **J'AI MORDU** *celui qui détient en ce moment les moutons de ton village !*

Je n'arrivais pas à comprendre ce **reviroment** de situation. Moi qui pensais livrer ma plus belle bataille, j'ai vu mon ego se **dégonfler** à vue d'œil comme la panse d'un chevreuil qui a trop mangé de maïs !

— Mais qui sont ces Blancs ? Où sont-ils ? Si tu es innocent, pourquoi est-ce que les traces que nous avons suivies au village nous ont menés ici ?

— C'est vrai... je ne suis pas blanc comme neige, mais j'ai mes raisons !

J'ai fait signe à Morty pour qu'il se **RAPPROCHE** de moi. Faire confiance à cet ours n'était pas encore dans mes plans.

— Alors ?

La bête a **GROGNÉ** dans un grand bruit assourdissant.

— Alors oui, j'ai volé les moutons pour eux, mais ce n'est pas pour les manger, je suis végétarien !

— Quoi ? UN OURS VÉGÉTARIEN ? Mais tu rigoles, j'espère ? Tu crois que je vais avaler ça ?

— Bien sûr ! Puisque c'est vrai !

— Comment un **OURS ÉNORME** comme toi peut-il avoir PEUR ?
— C'est comme ça... je suis PEUREUX et ils ont profité de moi dès qu'ils s'en sont aperçus. Je me suis retrouvé seul **TOUT PETIT OURSON**. Croyez-moi, j'aurais aimé ne jamais croiser leur route ! Toutefois, aujourd'hui, je dois obéir à leur chef... sinon je risque la mort !

Morty **S'APPROCHE** de l'ours, touché par son récit.
— Mais... tu n'as personne qui vive avec toi ici ? Tu es tout seul ?
— Oui... c'est bien ça.

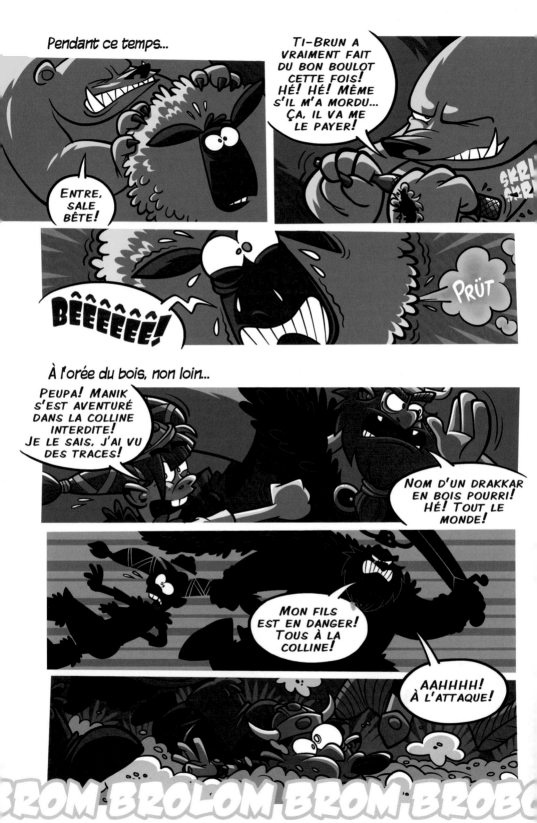

Je m'assoie par terre devant **L'OURS** et lui demande :

— *Comment t'appelles-tu ?*

— *On me nomme* **TI-BRUN.**

Il me montre alors ses deux poignets en signe de reddition. Morty et moi nous regardons d'un air *HÉBÉTÉ.*

— *Comment est-ce que je peux récupérer mes moutons ?*

— *Oui, hein ? Comment ?* insiste Morty.

— *Je suis désolé de ce que j'ai fait... Je crois que vous n'avez* **AUCUNE CHANCE !** *Capturez-moi... je suis prêt !*

— C'EST TOI QUI AS VOLÉ NOS MOUTONS ET QUI MAINTENANT T'ATTAQUES À MON FILS ET SON AMI?

— Non... expliquez-lui!

— Non, papa! Il n'est pas celui que tu crois! Il est *végétarien*! Et VICTIME D'INTIMIDATION!

— Vas-y, peupa ! Donne-lui la raclée qu'il mérite !

Ma sœur est vraiment INCROYABLEMENT MAUVAISE ! Même dans une situation aussi désespérée pour le clan, elle arrive à faire passer sa rancune envers moi avant le bien de tous !

— PAPA ! ARRÊTE ! On doit se dépêcher de retrouver les moutons avant que cette bande d'ours ne leur fasse du mal !

Mon père s'est tout de suite calmé et m'a relâché sans délicatesse. Je me suis retrouvé une nouvelle fois *ALLONGÉ DANS LA BOUE*, mais cela m'était égal. Je me suis RELEVÉ en *POUSSANT* ma sœur et j'ai aidé **TI–BRUN** à reprendre courage. Morty aussi s'est senti RAGAILLARDI par mon geste.

JE VOUS PRÉSENTE TI-BRUN ! LUI SEUL SAIT OÙ SE CACHE CETTE BANDE DE MALFRATS !

JE NE SUIS PAS UN GUERRIER... MAIS JE VAIS TOUT FAIRE POUR RÉPARER MON ERREUR. JE VAIS DONC VOUS MENER À EUX !

TU AS INTÉRÊT À NE PAS NOUS MENTIR ! CAR, SI TU MENS, C'EST TOI QUE L'ON VA FAIRE RÔTIR SUR UNE BROCHE !

— PAPA! Laisse-moi vous accompagner!

— PAS QUESTION! Tu retournes au lit, ET QUE ÇA SAUTE! Tu n'aurais jamais dû venir ici! La colline... PFFF!

— Mais... Mais, papa!

Ma sœur s'est fait une joie de me laisser perdre toute ma dignité devant les guerriers de mon père. Elle s'est emparée d'une torche et l'a pointée sur mes fesses.

— Tu as intérêt à avancer plus vite que ça! Sinon, c'est TON DERRIÈRE QUI VA FLAMBER!

Le regard de Morty sur moi en disait long. Toute cette aventure pour rien, aucune gloire, aucun avantage! Le vide... et pire encore, ma sœur victorieuse!

— Arrête de te croire supérieure!

Elle a POUFFÉ DE RIRE devant moi.

— Je ne le crois pas! Je le suis, pauvre petite sangsue! C'est quand même fou que vous vous soyez rendus jusqu'ici!

Elle riait à gorge déployée et moi je ne pouvais qu'avancer vers le village en regardant mon père et sa bande partir à l'aventure derrière TI-BRUN.

Au matin...

J'ai regardé Morty un œil ouvert et l'autre encore collé.

— J'ai dormi comme un mal de ventre!

— BÊEÊÊÊÊEÊ!

À ce bruit familier, je me suis redressé d'un coup.

— MORTY! MORTY! TU AS ENTENDU? Je crois que mon père a réussi! ai-je crié en brassant mon ami.

— HEIN?

Je me suis levé d'un *bond gracieux* et j'ai enfilé ma tenue en un éclair!

Je suis sorti de ma chambre **À LA COURSE**, Morty derrière moi. Tout ça pour voir mon père assis à la table de la cuisine, occupé à dévorer une assiette de crêpes.

— *Papa! Où sont les moutons? Vous les avez eus?*

Mon père a éclaté de rire.

— *Bien sûr, mon fils! On a eu de l'aide!*

J'ai suivi son regard et j'ai vu **TI−BRUN** couché en **petite boule** à l'extérieur.

— *Il ne mentait pas, ton copain! Ces ours blancs sont des rebelles* **DE LA PIRE ESPÈCE!** *Leur chef m'a donné du fil à retordre, mais je ne crois pas qu'il va revenir dans les parages de sitôt. Quant à* **TI−BRUN,** *je n'ai pas eu le cœur de le laisser de nouveau seul dans la colline. Cet endroit est* **SINISTRE** *et personne ne devrait y vivre!*

Je me suis jeté au cou de mon père. Il m'avait peut-être empêché de me **distinguer**, mais il demeurait pour moi l'exemple d'un guerrier hors pair! Juste et plein de bonté!

— *Je trouve que tu as bien fait, papa! Hein, Morty?*

Je me suis retourné pour chercher le regard de mon ami et, à la place, je suis tombé **FACE À FACE** avec sa bouche pleine de crêpes.

— *Bah! On discutera tantôt! Maman? Tu veux bien me préparer une grosse assiette d'herbes pour mon nouveau copain?*

— *De la salade?*

— *Oui! Il est* végétarien!

J'ai claqué la porte de bois en sortant et je me suis **APPROCHÉ** lentement de **TI−BRUN** pour ne pas l'effrayer. Derrière moi, j'ai entendu mon père demander à maman pourquoi Pépé avait forgé ses fers à l'envers! Pauvre Pépé...

— Ti-Brun?

— Euh?

— Tiens! Je suppose que tu as faim? La nuit a été dure, n'est-ce pas?

C'est ainsi qu'un nouveau membre de la famille est arrivé sans crier gare. Par le fait même, il nous a permis de nous débarrasser de voleurs RÉPUGNANTS ! J'étais heureux !

— Il ne nous reste plus qu'à faire une petite visite à Mémé pour que tu goûtes à sa cuisine ! Elle a une spécialité que tu vas ad♥rer, j'en suis certain !

— D'accord !

Morty s'est enfin montré le bout du nez.

— Est-ce qu'on va prendre la soupe chez Mémé ?

Mes parents étaient aussi fin prêts pour le banquet matinal de Mémé. Mon père prenait toujours deux petits déjeuners ! C'est comme ça, disait-il, qu'on forme un vrai guerrier viking.

— Allons-y !

Arrivé chez Mémé avec **TI–BRUN** en laisse pour ne pas effrayer les femmes des guerriers, je suis allé m'asseoir à la table de banquet. Un délicieux fumet s'est mis à chatouiller mes narines boueuses.

— Rien de mieux que de se retrouver en famille !

Mémé a servi la soupe à tout le monde.

— À *nos guerriers qui nous ont ramené nos moutons sains et saufs!* BRAVO! a-t-elle lancé.

J'avais le **cœur gros**... mais j'allais survivre. J'ai jeté un regard **NOIR** à ma sœur, qui a RIGOLÉ. Elle ne perdait rien pour attendre, celle-là!

À MANIK ET MORTY! SANS VOUS, NOUS N'AURIONS PAS PU RÉUSSIR NOTRE MISSION!

`À MANIK ET MORTY!!

OUAIS, C'EST ÇA! ON LE FÉLICITE ALORS QUE C'EST GRÂCE À MOI S'IL NE S'EST PAS FAIT GRIGNOTER TOUT CRU CETTE NUIT! STUPIDE!

MERCI, MA BELLE MÉMÉ! TU ES UNE CUISINIÈRE EN OR!

MON CHATON!

COMMENT ÇA, MON COCHON?

CETTE SOUPE A UN GOÛT QUI ME RAPPELLE QUELQUE CHOSE... MAIS QUOI?

COMPTEZ SUR MOI... LA PROCHAINE FOIS, ÇA NE SE PASSERA PAS COMME ÇA... QUOI? EURK! MAUDIT SOIS-TU, SALE VOLATILE!

PLOK!

FIN

À PROPOS DE L'AUTEURE

Véronique Dubois est d'abord une femme pétillante et enjouée, qui aime la vie et qui possède une imagination débordante.

Mère de trois enfants, elle leur raconte une multitude d'histoires avant le dodo. Profitant de sa grande facilité de parole et de ses talents de conteuse, elle fait rêver les petits et les grands! En 2008, elle publie chez **Boomerang éditeur jeunesse** son premier roman jeunesse et, depuis, dix-sept ouvrages ont vu le jour! Partager sa passion avec les jeunes a toujours été une joie et, encore aujourd'hui, le présent ouvrage en témoigne.

Grâce à Manik, les enfants auront accès aux rêves, aux aventures et à un brin de folie à travers la vie des personnages qui peuplent les aventures de ces bandes dessinées.

Véronique partage son temps de création entre l'écriture et la peinture professionnelle.

À PROPOS DE L'ILLUSTRATEUR

Yohann Morin commence sa carrière comme caricaturiste et illustrateur pour des journaux locaux et étudiants. Il a ensuite participé au magazine *Safarir* à la fin des années 90.

Après des études en infographie et une pause artistique, il revient à *Safarir* où il scénarise et dessine régulièrement plusieurs chroniques sur des thèmes variés durant cinq ans. Il aura ainsi accumulé assez de matériel pour publier ensuite deux albums intitulés *Les Québécois* (chez Boomerang) et un autre album en France. Parallèlement, il publie trois tomes de la série bd *Biodôme* avec le scénariste Frédéric Antoine, toujours chez Boomerang.

Manik est son premier projet conjoint avec une auteure de roman jeunesse.

À MANIK ET MORTY! SANS VOUS, NOUS N'AURIONS PAS PU RÉUSSIR NOTRE MISSION!